Impressum
Verlag: BABADADA GmbH, Nedderfeld 112 , 22529 Hamburg
Geschäftsführer / Verlagsleitung: Harald Hof
Druck: Books on Demand GmbH, In de Tarpen 42, 22848 Norderstedt

Imprint
Publisher: BABADADA GmbH, Nedderfeld 112 , 22529 Hamburg, Germany
Managing Director / Publishing direction: Harald Hof
Print: Books on Demand GmbH, In de Tarpen 42, 22848 Norderstedt

school

de School

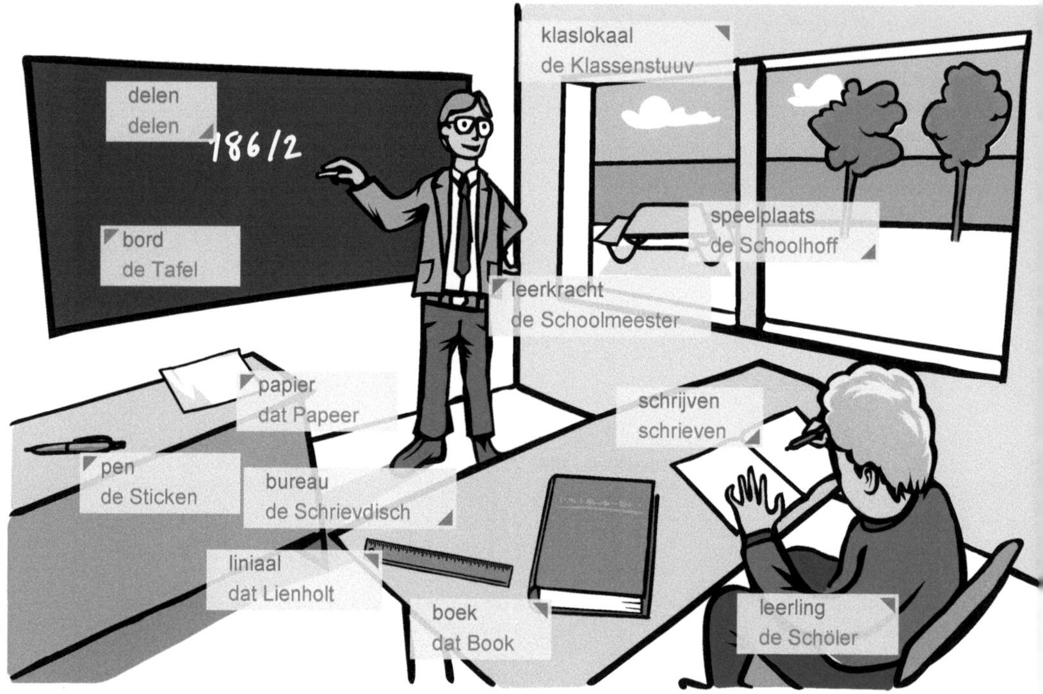
klaslokaal
de Klassenstuuv
delen
delen
186/2
bord
de Tafel
speelplaats
de Schoolhoff
leerkracht
de Schoolmeester
papier
dat Papeer
schrijven
schrieven
pen
de Sticken
bureau
de Schrievdisch
liniaal
dat Lienholt
boek
dat Book
leerling
de Schöler

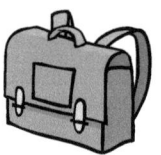

schooltas

de Ranzel

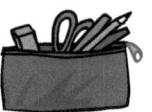

pennenzak

de Feddermapp

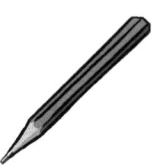

potlood

de Bleesticken

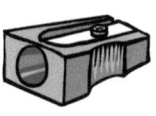

puntenslijper

de Scharpmaker

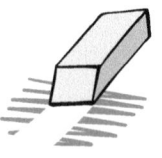

gom

dat Radeergummi

tekenblok

de Tekenblock

tekening

de Teken

verfborstel

de Pinsel

verfdoos

de Malkassen

schaar

de Scheer

lijm

de Klever

werkboek

dat Heft to'n Öven

huiswerk

de Huusopgaav

12

nummer

de Tall

2+2

optellen

tohooptellen

5-2

aftrekken

aftrecken

2×2

vermenigvuldigen

malnehmen

rekenen

reken

A

letter

de Bookstaav

ABCDEFG
HIJKLMN
OPQRSTU
VWXYZ

alfabet

dat ABC

hello

woord

dat Woort

tekst

de Text

Lezen

lesen

krijt

de Kried

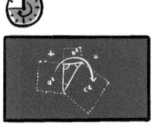

les

de Stunn

klassenboek

dat Klassenbook

examen

de Pröven

certificaat

dat Tüügnis

schooluniform

de Schooluniform

onderwijs

de Utbillen

encyclopedie

dat Nakieksel

universiteit

de Universität

microscoop

dat Mikroskop

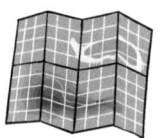

kaart

de Koort

papiermand

de Papeerkorf

reis
de Törn

hotel
dat Hotel
Grand
ROOMS
jeugdherberg
de Harbarg
€CHANGE
wisselkantoor
de Wesselstuuv
koffer
de Kuffer
auto
dat Auto

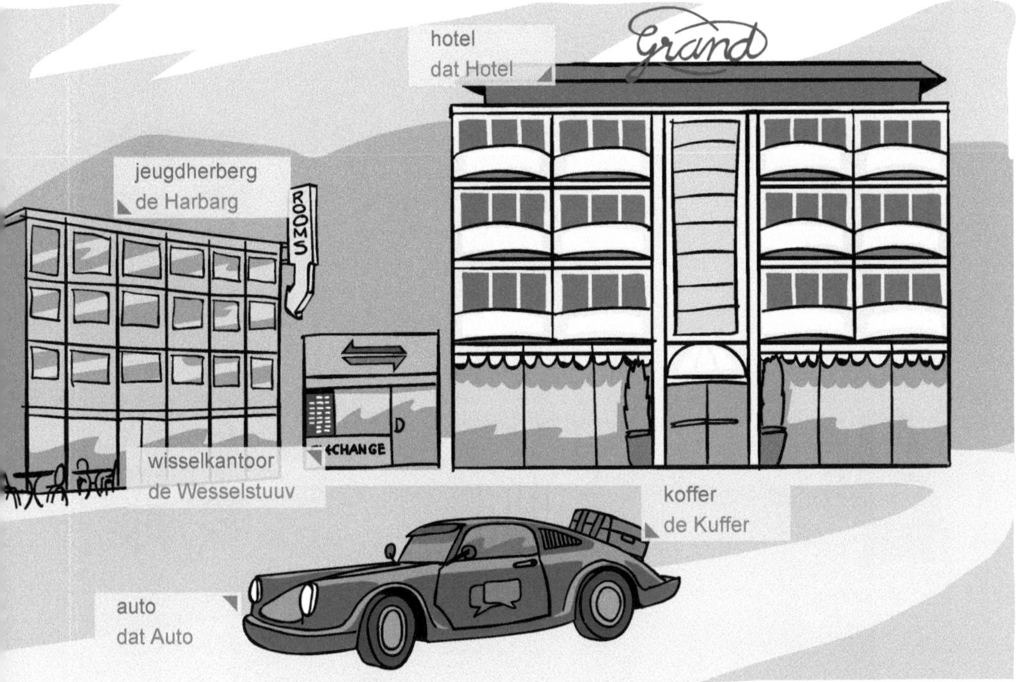

Taal

de Spraak

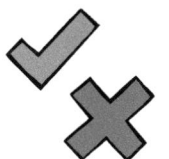

ja / nee

jo / ne

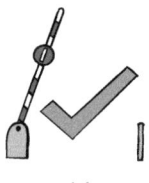

oké

Jo

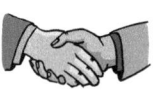

hallo

Moin

vertaler

de Översetter

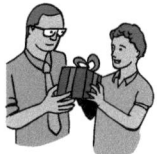

bedankt

Dank ok

Hoeveel kost …?

Wat kost…?

Ik begrijp het niet

Ik verstah nich

probleem

dat Problem

Goedenavond!

Goden Avend

Goedemorgen!

Moin!

Goedenavond!

Gode Nacht!

Tot ziens

Tschüüs

richting

de Richt

bagage

de Bagaasch

zak

de Tasch

rugzak

de Rüchsack

gast

de Gast

kamer

de Stuuv

slaapzak

de Slaapsack

tent

dat Telt

toeristeninformatie

e Touristeninformatschoon

strand

de Strand

kredietkaart

de Kreditkoort

ontbijt

dat Fröhstück

lunch

dat Meddageten

avondeten

dat Avendeten

ticket

de Fohrkort

lift

de Fohrstohl

postzegel

de Breefmark

grens

de Grenz

douane

de Toll

ambassade

de Bottschop

visum

dat Visum

paspoort

de Pass

transport
de Transport

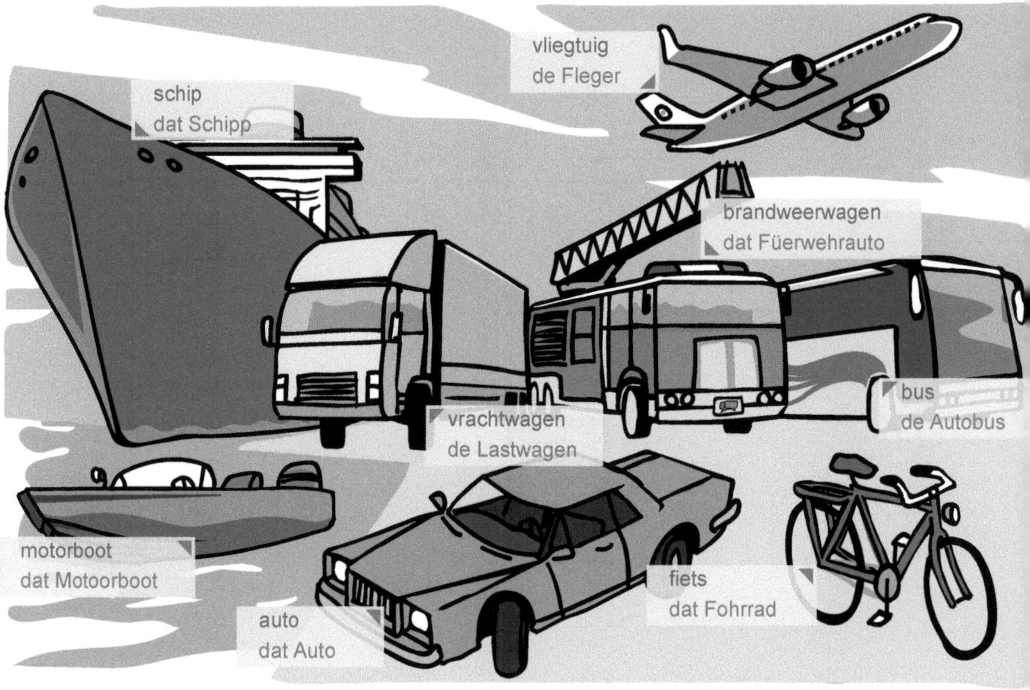
vliegtuig
de Fleger
schip
dat Schipp
brandweerwagen
dat Füerwehrauto
bus
de Autobus
vrachtwagen
de Lastwagen
motorboot
dat Motoorboot
fiets
dat Fohrrad
auto
dat Auto

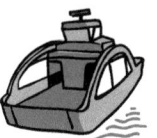

veerboot

de Fähr

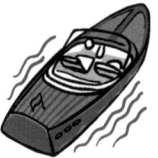

boot

dat Boot

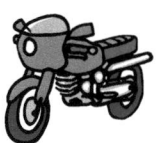

motor

dat Motoorrad

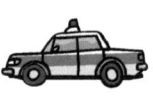

politiewagen

dat Polizeiauto

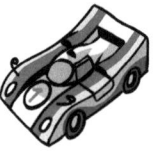

racewagen

dat Rönnauto

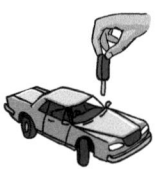

huurauto

de Lehnwagen

carpoolen

dat Carsharing

sleepwagen

de Afsleepwagen

vuilniswagen

dat Müllauto

motor

de Motoor

benzine

de Kraftstoff

benzinestation

de Tanksteed

verkeersbord

dat Verkehrsschild

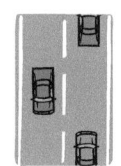

verkeer

de Verkehr

file

de Stau

parkeerplaats

de Afstellplatz

station

de Bahnhoff

sporen

de Sporen

trein

de Tog

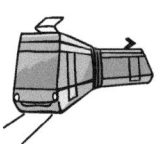

tram

de Stratenbahn

wagon

de Wagon

helikopter

de Dwarsmöhl

luchthaven

de Flooghaven

toren

de Tower

passagier

de Fohrgast

container

de Grootkist

karton

de Karton

kar

de Koor

mand

de Korf

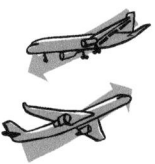

opstijgen / landen

starten / lannen

stad
de Stadt

dorp

dat Dörp

stadscentrum

de Binnenstadt

huis

dat Huus

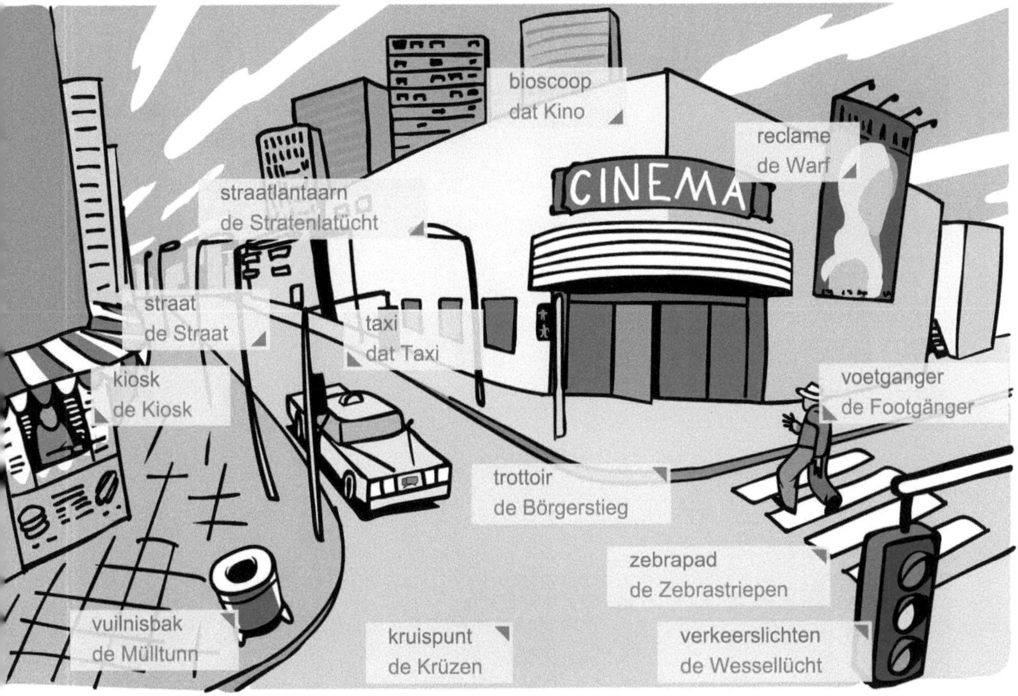

bioscoop
dat Kino
reclame
de Warf
CINEMA
straatlantaarn
de Stratenlatücht
straat
de Straat
taxi
dat Taxi
kiosk
de Kiosk
voetganger
de Footgänger
trottoir
de Börgerstieg
zebrapad
de Zebrastriepen
vuilnisbak
de Mülltunn
kruispunt
de Krüzen
verkeerslichten
de Wessellücht

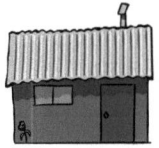

hut

de Hütt

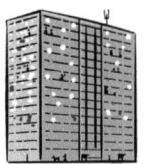

woning

de Wahnung

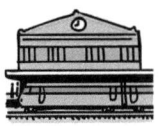

station

de Bahnhoff

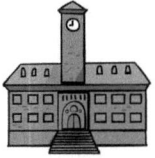

stadshuis

dat Raathuus

MUSEUM

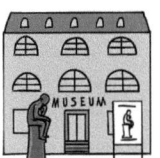

museum

dat Museum

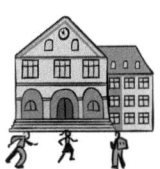

school

de School

universiteit

de Universität

bank

de Bank

ziekenhuis

dat Krankenhuus

hotel

dat Hotel

apotheek

de Afteek

kantoor

dat Büro

boekwinkel

de Bookhökerie

winkel

de Hökerie

bloemenwinkel

de Blomenhökerie

supermarkt

de Supermarkt

markt

de Markt

warenhuis

dat Koophuus

vishandelaar

de Fischhökerie

winkelcentrum

dat Inkoopszentrum

haven

de Haven

park

de Parkanlaag

bank

de Bank

brug

de Brüch

trap

de Trepp

metro

de Ünnergrundbahn

tunnel

de Tunnel

bushalte

de Busstoppsteed

bar

de Bar

restaurant

dat Spieslokal

brievenbus

de Breefkassen

straatnaambord

dat Stratenschild

parkeermeter

de Parkklock

zoo

de Deertenpark

zwembad

de Baadanstalt

moskee

de Moschee

boerderij
de Buernhoff

milieuverontreiniging
de Ümweltversmudden

kerkhof
de Karkhoff

kerk
de Kark

speelplaats
de Speelplatz

tempel
de Tempel

landschap
de Landschop

blad
dat Blatt

wegwijzer
de Wiespahl

weg
de Weg

weide
de Wisch

steen
de Steen

boom
de Boom

wandelaar
de Wannerer

rivier
de Fluss

gras
dat Gras

bloem
de Bloom

vallei

dat Daal

heuvel

de Barg

meer

de See

bos

dat Holt

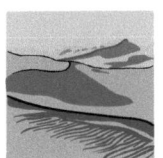

woestijn

de Wööst

vulkaan

de Füerspien Barg

kasteel

dat Slott

regenboog

de Regenbagen

paddenstoel

de Poggenstohl

palmboom

de Palm

mug

de Steekmück

vlieg

de Fleeg

mier

de Miegeemk

bij

de Imm

spin

de Spinn

kever

de Sebber

kikker

de Pogg

eekhoorn

de Katteker

egel

de Swienegel

haas

de Haas

uil

de Uul

vogel

de Vagel

zwaan

de Swaan

wild zwijn

dat Wildswien

hert

de Hirsch

eland

de Elk

dam

de Staudamm

windturbine

dat Windrad

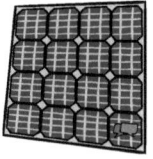

zonnepaneel

dat Solarmodul

klimaat

dat Klima

restaurant
dat Spieslokal

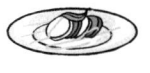

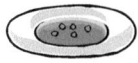

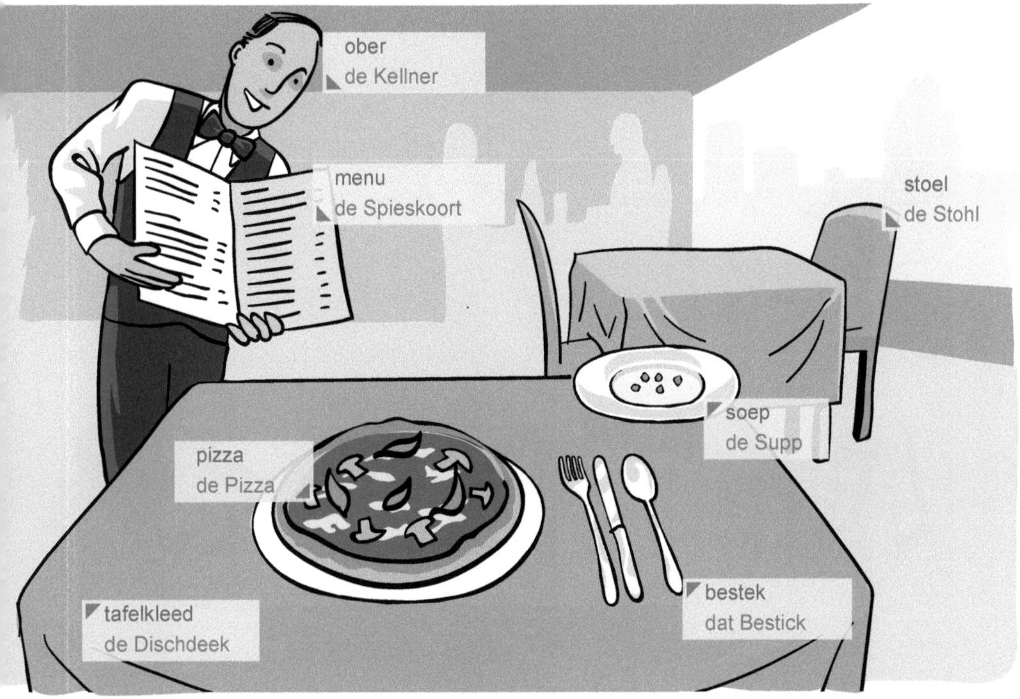

ober
de Kellner
menu
de Spieskoort
stoel
de Stohl
soep
de Supp
pizza
de Pizza
bestek
dat Bestick
tafelkleed
de Dischdeek

voorgerecht

de Vörspies

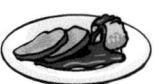

hoofdgerecht

dat Haupteten

nagerecht

de Nadisch

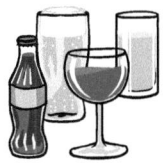

drankjes

de Drünk

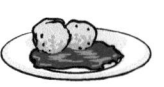

eten

dat Eten

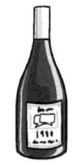

fles

de Buddel

fastfood

dat Fastfood

street food

dat Strateneten

theepot

de Teekann

suikerpot

de Zuckerdoos

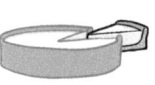

portie

de Portschoon

espressomachine

de Espressomaschien

kinderstoel

de Hoochstohl

rekening

de Reken

dienblad

dat Tablett

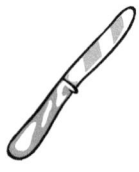

mes

dat Mess

vork

de Gavel

lepel

de Lepel

theelepel

de Teelepel

serviette

dat Munddook

glas

dat Glas

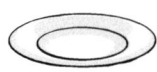

bord

de Töller

soepbord

de Suppentöller

schoteltje

de Ünnertass

saus

de Sooß

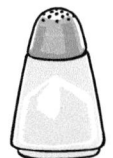

zoutvatje

de Soltstreuer

pepermolen

de Pepermöhl

azijn

de Etig

olie

dat Ööl

kruiden

de Krüder

ketchup

de Ketchup

mosterd

de Mostrich

mayonaise

de Mayonnaise

supermarkt
de Supermarkt

aanbieding
dat Anbott
FOR
klant
de Kunn
zuivelproducten
de Melkprodukten
fruit
dat Aaft
winkelwagen
de Inkoopswagen

BUTCHERS

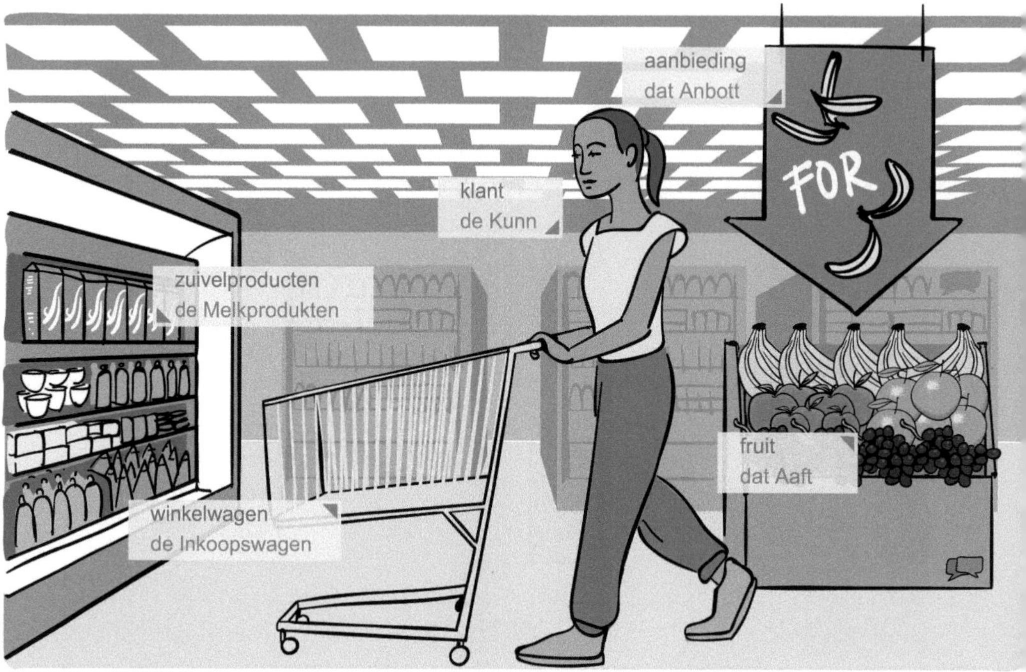

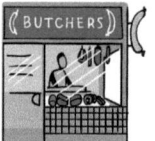

slagerij

de Slachterie

BAKERY

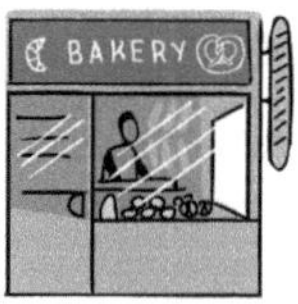

bakkerij

de Bäckerie

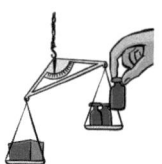

wegen

wegen

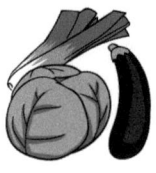

groenten

de Gröönsaken

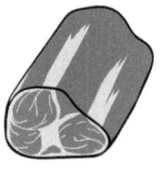

vlees

dat Fleesch

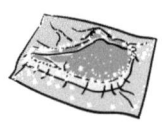

diepvriesvoedsel

de Deepköhlkost

charcuterie

de Opsnitt

conserven

de Konserven

waspoeder

de Waschmiddel

snoep

de Snoopkraam

huishoudproducten

de Huushooltssaken

schoonmaakproducten

de Reinmaaktüüch

verkoopster

de Verköpersche

kassa

de Kass

kassier

de Kasserer

boodschappenlijstje

de Inkoopslist

openingstijden

de Opsparrtieden

portefeuille

de Breeftasch

kredietkaart

de Kreditkoort

tas

de Tasch

plastieken zakje

de Plastiktüüt

drankjes
de Drünk

water

dat Water

sap

de Saft

melk

de Melk

cola

de Cola

wijn

de Wien

bier

dat Beer

alcohol

de Spriet

cacao

de Kakao

thee

de Tee

koffie

de Koffie

espresso

de Espresso

cappuccino

de Cappucino

banaan

de Banaan

appel

de Appel

sinaasappel

de Appelsien

meloen

de Meloon

citroen

de Zitroon

wortel

de Wöttel

knoflook

de Knuuvlook

bamboe

de Bambus

ajuin

de Zibbel

champignon

de Poggenstohl

noten

de Nööt

noodles

de Nudeln

spaghetti

de Spaghetti

rijst

de Ries

salade

de Salat

frieten

de Pommes frites

gebakken aardappelen

de Braadkantüffeln

pizza

de Pizza

hamburger

de Hamborger

sandwich

dat Sandwich

kalfslapje

dat Snitzel

ham

de Schinken

salami

de Salami

worst

de Wust

kip

dat Hohn

braden

de Braden

vis

de Fisch

havervlokken

de Haverflocken

muesli

dat Müsli

cornflakes

de Cornflakes

bloem

dat Mehl

croissant

de Croissant

pistolet

dat Rundstück

brood

dat Broot

toast

dat Toast

koekjes

de Keksen

boter

de Botter

kwark

de Quark

taart

de Koken

ei

dat Ei

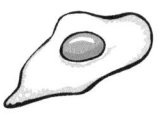

spiegelei

dat Spegelei

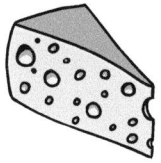

kaas

de Kees

ijs

de Ies

suiker

de Zucker

honing

de Honnig

confituur

de Marmelaad

choco

de Nougat-Creme

curry

dat Curry

eten - dat Eten

boerderij
de Buernhoff

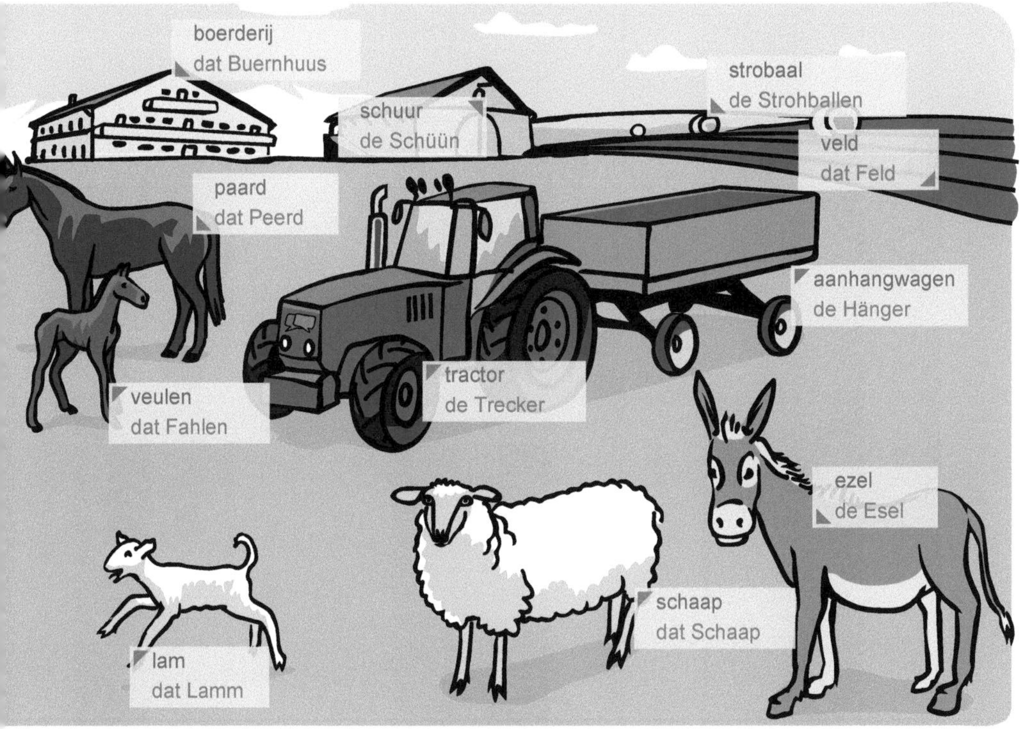
boerderij
dat Buernhuus
schuur
de Schüün
strobaal
de Strohballen
veld
dat Feld
paard
dat Peerd
aanhangwagen
de Hänger
tractor
de Trecker
veulen
dat Fahlen
ezel
de Esel
schaap
dat Schaap
lam
dat Lamm

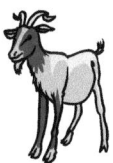

geit

de Zeeg

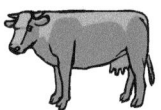

koe

de Koh

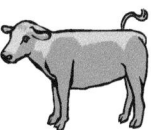

kalf

dat Kalf

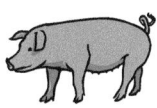

varken

dat Swien

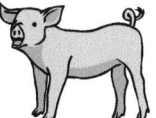

biggetje

dat Farken

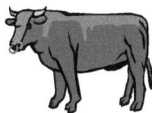

stier

de Bull

gans
de Goos

eend
de Aant

kuiken
dat Küken

kip
dat Hohn

haan
de Hahn

rat
de Rott

kat
de Katt

muis
de Muus

os
de Oss

hond
de Hund

hondenhok
de Hunnenhütt

tuinslang
de Goornslauch

gieter
de Geetkann

zeis
de Lee

ploeg
de Ploog

sikkel
de Sich

schoffel
de Hack

hooivork
de Mestfork

bijl
de Ext

kruiwagen
de Schuufkoor

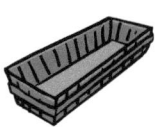

trog
de Trog

melkkan
de Melkkann

zak
de Sack

hek
de Tuun

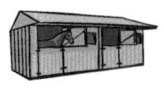

stal
de Stall

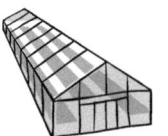

broeikas
dat Drievhuus

bodem
de Bodden

zaad
de Saat

mest
de Dünger

maaidorser
de Meihdöscher

oogsten
oornen

oogst
de Oorn

yam
de Yamswöttel

tarwe
de Weten

soja
dat Soja

aardappel
de Kantüffel

maïs
de Törksche Weten

koolzaad
de Rapp

fruitboom
de Aaftboom

maniok
de Troopsch Kantüffel

graan
dat Koorn

huis
dat Huus

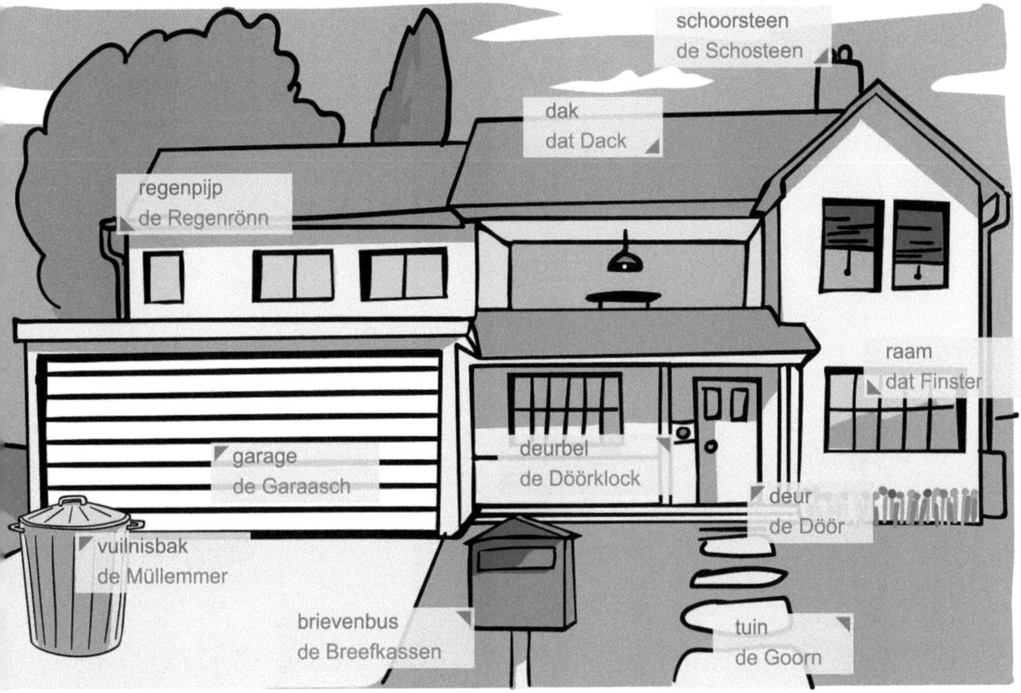
schoorsteen
de Schosteen
dak
dat Dack
regenpijp
de Regenrönn
raam
dat Finster
garage
de Garaasch
deurbel
de Döörklock
deur
de Döör
vuilnisbak
de Müllemmer
brievenbus
de Breefkassen
tuin
de Goorn

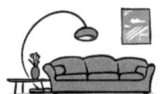

woonkamer

de Wahnstuuv

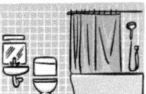

badkamer

de Baadstuuv

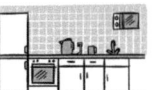

keuken

de Köök

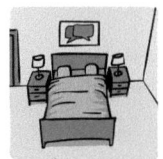

slaapkamer

de Slaapstuuv

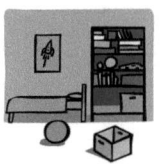

kinderkamer

de Kinnerstuuv

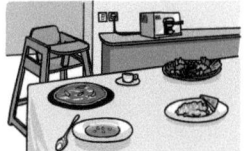

eetkamer

de Eetstuuv

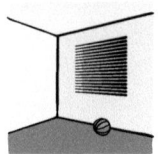

vloer

de Footbodden

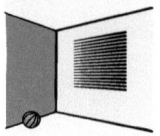

muur

de Wand

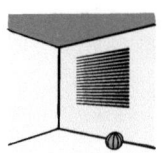

plafond

de Deek

kelder

de Keller

sauna

dat Hittluftbad

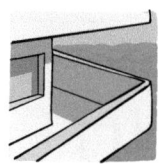

balkon

de Balkon

terras

de Terrass

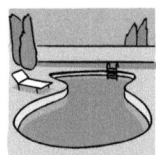

zwembad

dat Swümmbad

grasmaaier

de Rasenmeiher

dekbedovertrek

de Bettbetog

dekbed

de Bettdeek

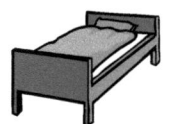

bed

de Puuch

bezem

de Bessen

emmer

de Emmer

schakelaar

de Schalter

woonkamer
de Wahnstuuv

behangpapier
de Tapeet
foto
dat Bild
lamp
de Lamp
schap
dat Regal
kast
dat Schapp
televisie
de Kiekkassen
open haard
de Kamin
bloem
de Bloom
kussen
dat Küssen
sofa
dat Sofa
vaas
de Vaas
afstandsbediening
de Feernbedenen

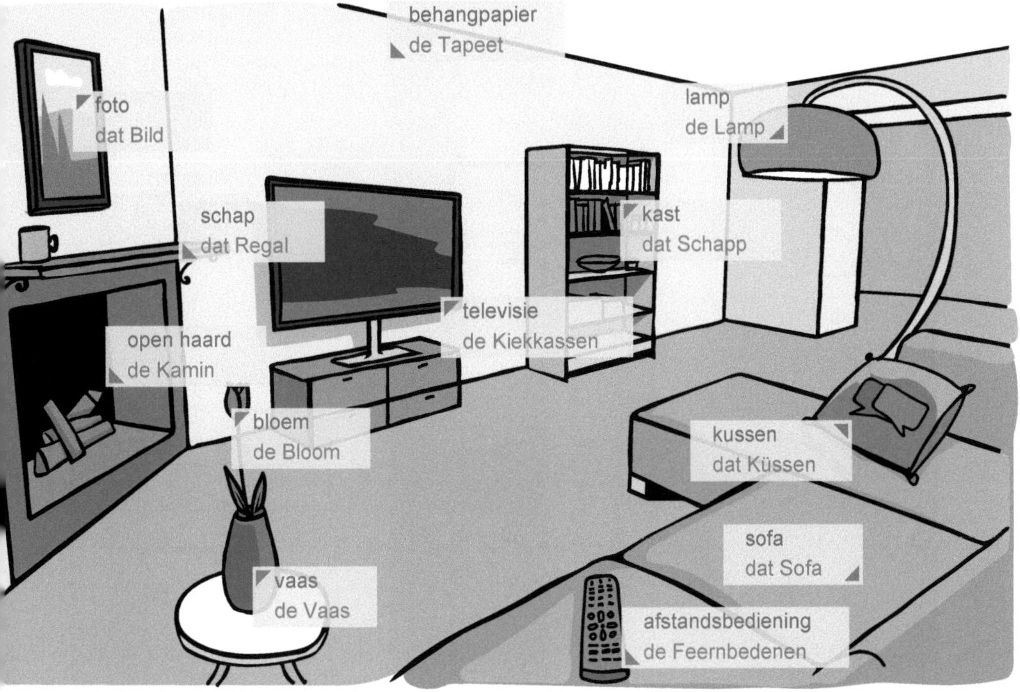

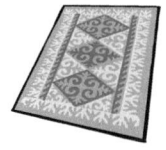

mat

de Teppich

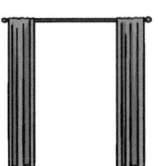

gordijn

de Vörhang

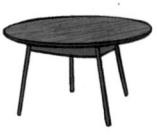

tafel

de Disch

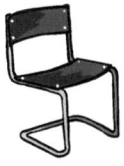

stoel

de Stohl

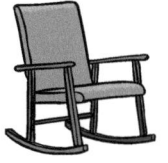

schommelstoel

de Schuckelstohl

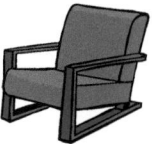

fauteuil

de Sessel

boek

dat Book

deken

de Deek

decoratie

de Dekoratschoon

brandhout

dat Füerholt

film

de Film

stereo-installatie

de Stereoanlaag

sleutel

de Slötel

krant

dat Narichtenblatt

schilderij

dat Gemälde

poster

dat Poster

radio

dat Radio

notitieboekje

de Opschrievblock

stofzuiger

de Huulbessen

cactus

de Kaktus

kaars

de Kars

keuken
de Köök

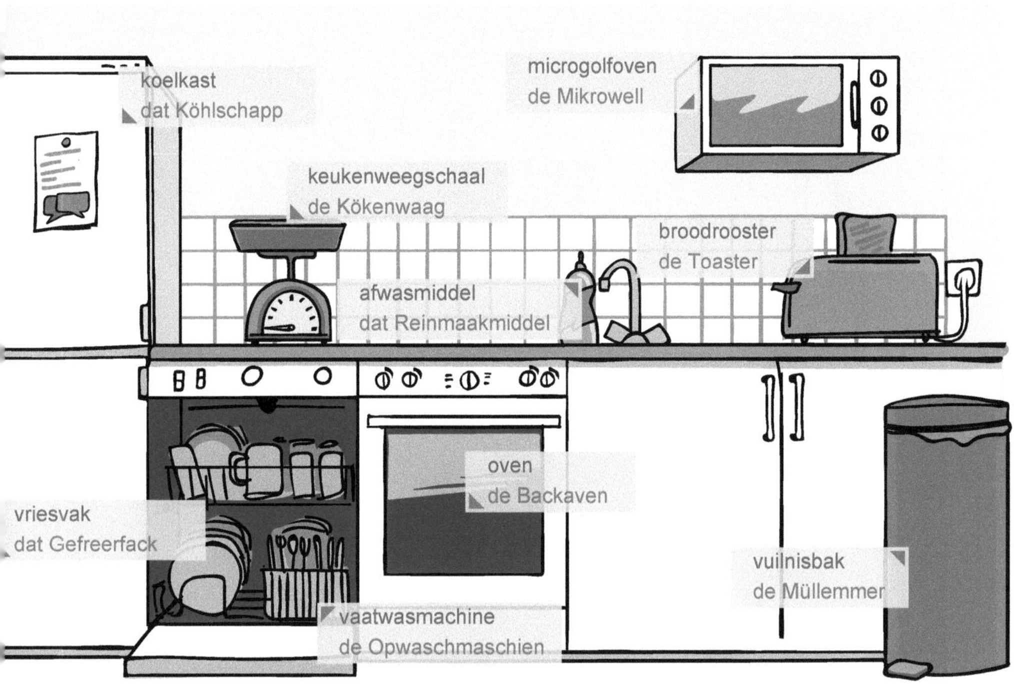
koelkast
dat Köhlschapp
microgolfoven
de Mikrowell
keukenweegschaal
de Kökenwaag
broodrooster
de Toaster
afwasmiddel
dat Reinmaakmiddel
oven
de Backaven
vriesvak
dat Gefreerfack
vuilnisbak
de Müllemmer
vaatwasmachine
de Opwaschmaschien

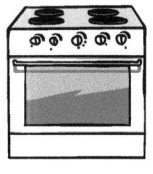

fornuis

de Heerd

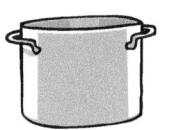

pot

de Pott

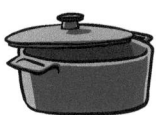

gietijzeren pot

de Gussiesern Putt

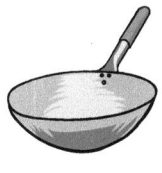

wok / kadai

de Wok / Kadai

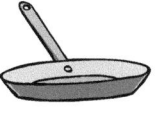

pan

de Pann

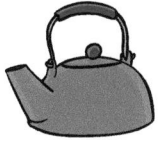

waterkoker

de Waterkaker

stoomkoker

de Dampkaakputt

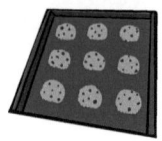

bakplaat

dat Backblick

servies

dat Geschirr

mok

de Beker

kom

de Schaal

eetstokjes

de Eetsticken

pollepel

de Suppenkell

spatel

de Pannenwenner

garde

de Sneebessen

vergiet

dat Kaakseef

zeef

dat Seef

rasp

de Riev

mortier

de Mörser

barbecue

de Grill

haardvuur

de Füerstell

snijplank

dat Sniedbrett

deegrol

dat Nudelholt

kurkentrekker

de Proppentrecker

blik

de Doos

blikopener

de Dosenaapner

pannenlap

de Pottlappen

gootsteen

dat Waschbecken

borstel

de Böst

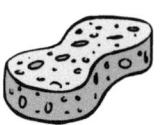

spons

de Swamm

blender

de Mixer

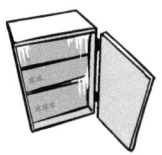

vriezer

dat Iesschapp

papfles

de Nuckelbuddel

kraan

de Waterhahn

badkamer

de Baadstuuv

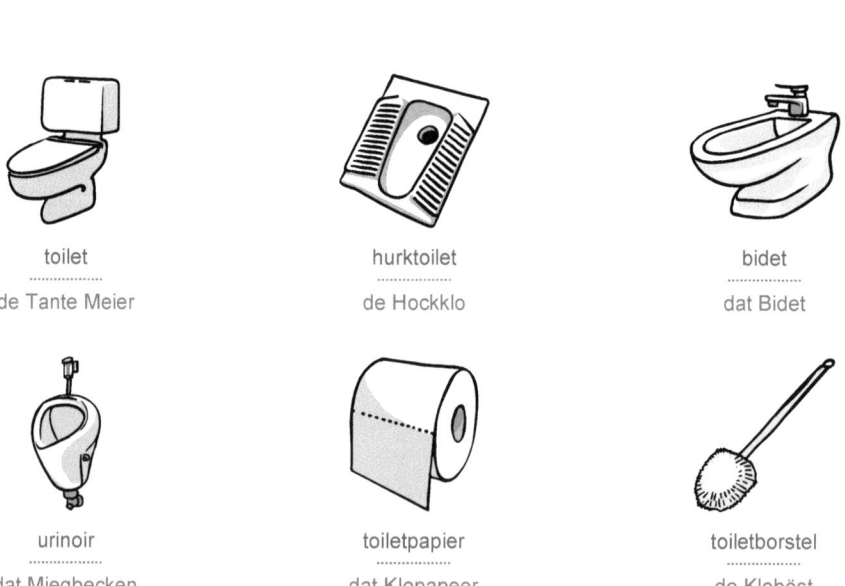

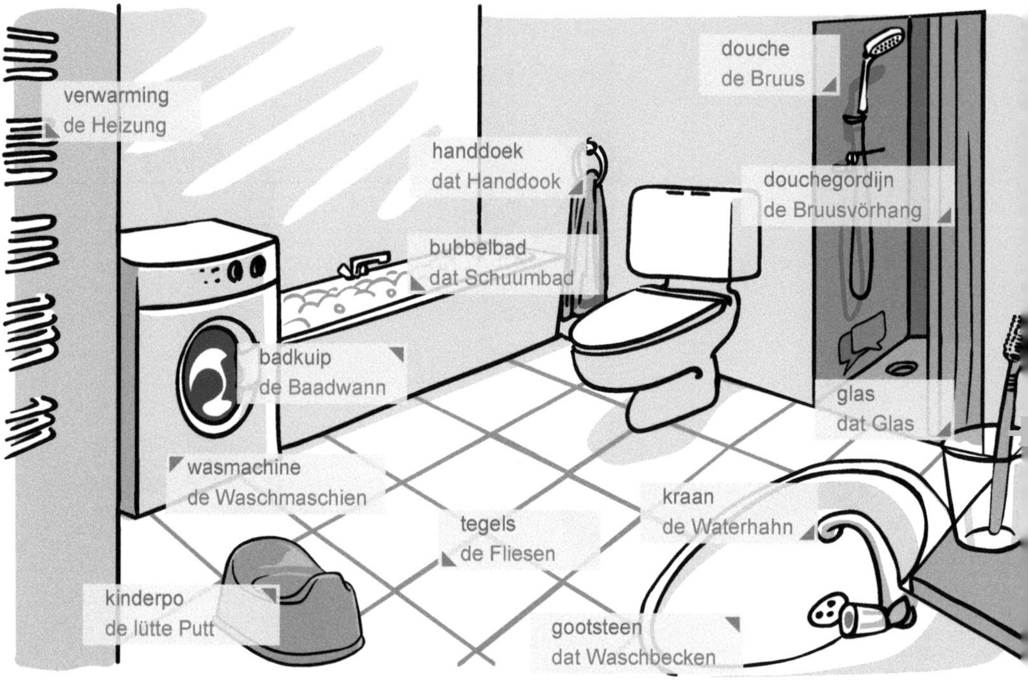
verwarming
de Heizung
handdoek
dat Handdook
douche
de Bruus
douchegordijn
de Bruusvörhang
bubbelbad
dat Schuumbad
badkuip
de Baadwann
glas
dat Glas
wasmachine
de Waschmaschien
kraan
de Waterhahn
tegels
de Fliesen
kinderpo
de lütte Putt
gootsteen
dat Waschbecken

toilet

de Tante Meier

hurktoilet

de Hockklo

bidet

dat Bidet

urinoir

dat Miegbecken

toiletpapier

dat Klopapeer

toiletborstel

de Kloböst

tandenborstel

de Tähnböst

tandpasta

de Tähnpast

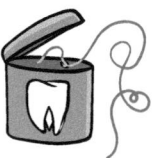

flosdraad

de Tähnsied

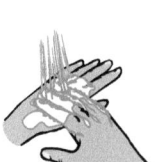

wassen

waschen

handdouche

de Handbruus

bidethanddouche

de Intimbruus

waskom

de Waschschöttel

rugborstel

de Rüchböst

zeep

de Seep

douchegel

dat Bruusgeel

shampoo

dat Hoorwaschmiddel

washandje

de Waschlappen

afvoer

de Afloop

crème

de Creme

deodorant

dat Deodorant

spiegel

de Spegel

handspiegel

de Kosmetikspegel

scheermes

de Raserer

scheerschuim

de Raseerschuum

aftershave

dat Raseerwater

kam

de Kamm

borstel

de Böst

haardroger

de Hoordröger

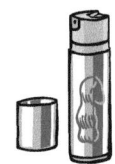

haarlak

dat Hoorspray

make-up

de Smink

lippenstift

de Lippensticken

nagellak

de Nagellack

watten

de Watt

nagelknipper

de Nagelscheer

parfum

dat Rüükwater

toilettas

de Kulturbüdel

kruk

de Schemel

weegschaal

de Waag

badjas

de Baadmantel

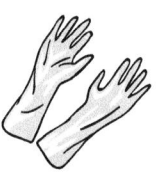

latex handschoenen

de Gummihanschen

tampon

de Tampon

maandverband

de Damenbinn

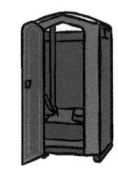

chemisch toilet

dat Chemieklo

kinderkamer
de Kinnerstuuv

wekker
de Wecker
knuffel
dat Knudeldeert
speelgoedauto
dat Speeltüüchauto
rammelaar
de Klöter
poppenhuis
dat Poppenhuus
geschenk
dat Geschenk

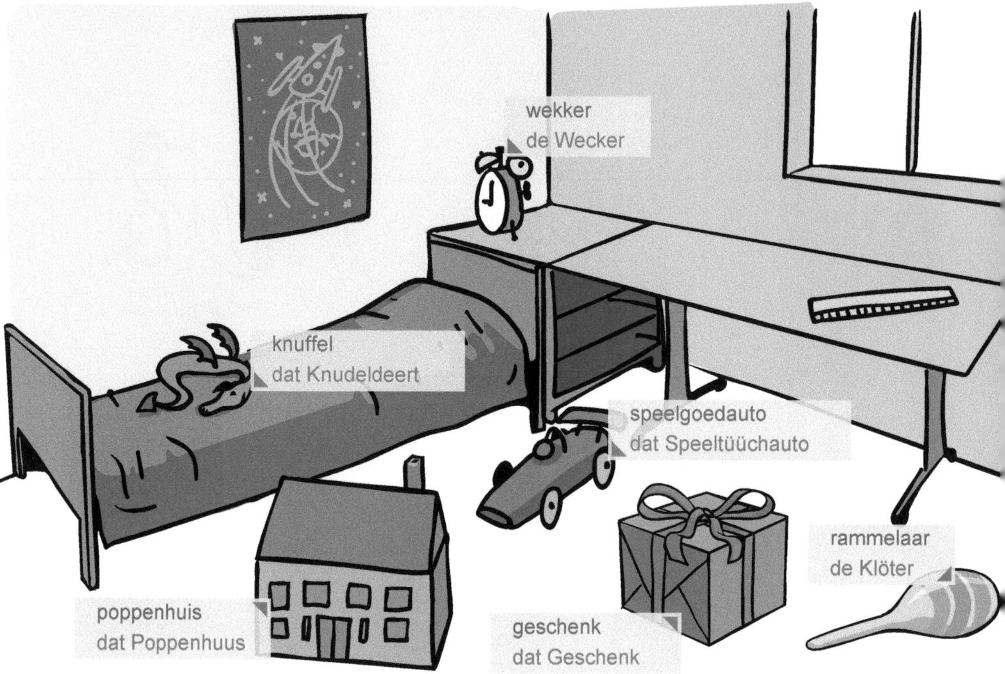

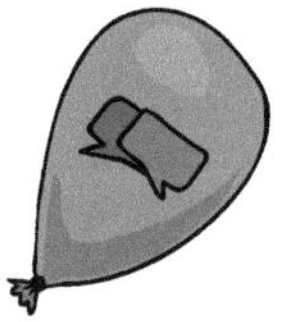

ballon

de Luftballon

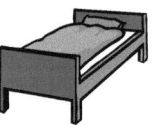

bed

de Puuch

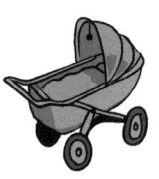

kinderwagen

de Kinnerwagen

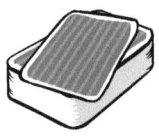

spel kaarten

dat Koortenspẹel

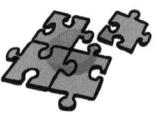

puzzel

dat Puzzle

stripboek

de Billergeschicht

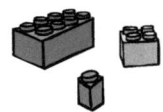

legoblokjes

de Legostenen

blokken

de Bustenen

actiefiguur

de Action-Figur

kruippakje

de Strampelantog

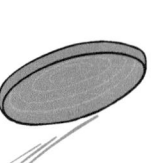

frisbee

de Frisbeeschiev

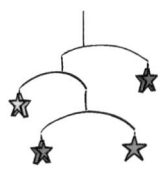

mobiel

dat Mobile

bordspel

dat Brettspeel

dobbelsteen

de Wörpel

modelspoorweg

de Modelliesenbahn

fopspeen

de Snuller

feest

de Party

prentenboek

dat Billerbook

bal

de Ball

pop

de Popp

spelen

spelen

zandbak
....
de Sandkassen

schommel
....
de Schuckel

speelgoed
....
dat Speeltüüch

spelconsole
....
de Speelkonsool

driewieler
....
dat Dreerad

knuffelbeer
....
de Teddyboor

kleerkast
....
dat Klederschapp

kleding
dat Tüüch

sokken
....
de Socken

kousen
....
de Strümp

maillot
....
de Strumpbüx

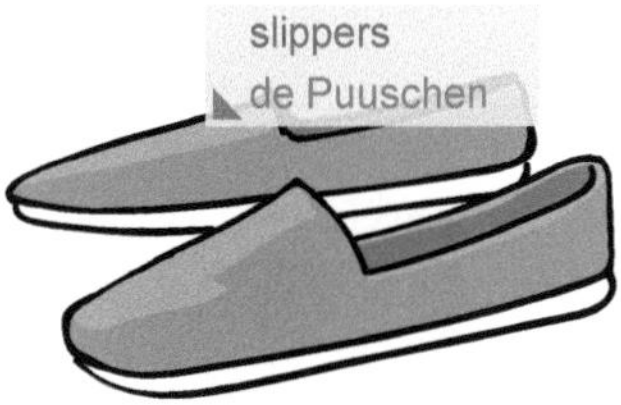

sjaal
dat Halsdook

paraplu
de Paraplü

T-shirt
dat T-Shirt

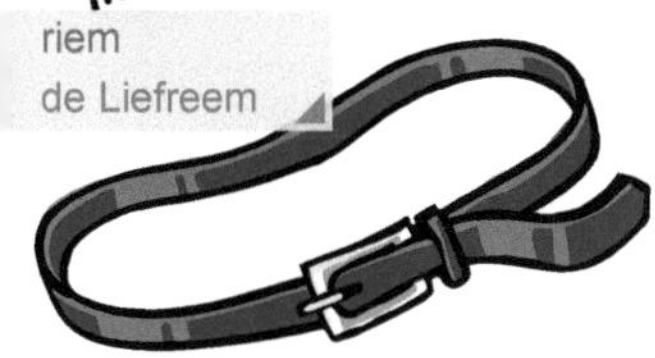

riem
de Liefreem

laarzen
de Stevel

slippers
de Puuschen

sneakers
de Turnschoh

sandalen

de Sandalen

schoenen

de Schoh

rubberlaarzen

de Gummistevel

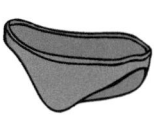

onderbroek

de Ünnerbüx

beha

de Bostholler

onderhemd

dat Ünnerhemd

lichaam
de Lief

broek
de Büx

jeans
de Jeansnüx

rok
de Rock

blouse
de Bluus

hemd
dat Hemd

trui
de Pullover

capuchontrui
de Kapuzenpullover

blazer
de Blazer

jas
de Jack

jas
de Mantel

regenjas
de Övertrecker

kostuum
dat Kostüm

jurk
dat Kleed

trouwjurk
dat Hochtietskleed

pak

de Antog

nachthemd

dat Nachtkleed

pyjama

de Slaapantog

sari

de Sari

hoofddoek

dat Koppdook

tulband

de Turban

boerka

de Burka

kaftan

de Kaftan

abaya

de Abaya

badpak

de Baadantog

zwembroek

de Baadbüx

short

de Korte Büx

trainingspak

de Antog to'n Öven

schort

de Schört

handschoenen

de Handschoh

knoop

de Knopp

bril

de Brill

armband

dat Armband

ketting

de Halskeed

ring

de Ring

oorbel

de Ohrbummel

pet

de Mütz

kapstok

de Klederbögel

hoed

de Hoot

das

de Binner

rits

de Rietslüter

helm

de Helm

bretellen

dat Drachtband

schooluniform

de Schooluniform

uniform

de Uniform

slabbetje
de Severböten

fopspeen
de Snuller

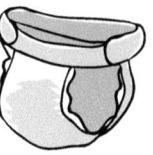

luier
de Winnel

kantoor
dat Büro

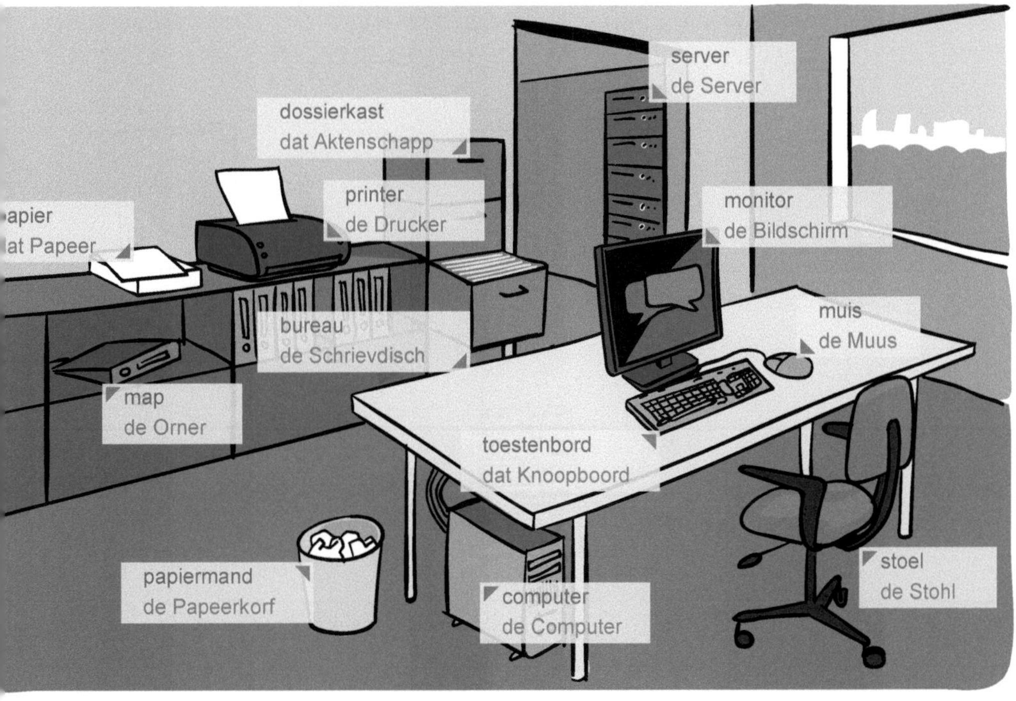

server
de Server

dossierkast
dat Aktenschapp

printer
de Drucker

monitor
de Bildschirm

apier
at Papeer

bureau
de Schrievdisch

muis
de Muus

map
de Orner

toestenbord
dat Knoopboord

papiermand
de Papeerkorf

computer
de Computer

stoel
de Stohl

koffiemok
de Koffiebeker

rekenmachine
de Taschenreekner

internet
dat Internet

laptop

de Klappreekner

brief

de Breef

bericht

de Naricht

gsm

de Ackersnacker

netwerk

dat Nettwark

kopieerapparaat

de Kopeerapparat

software

de Software

telefoon

de Klöönkassen

stopcontact

de Steekdoos

fax

de Faxapparat

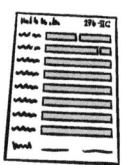

formulier

dat Formulor

document

dat Dokument

kopen
köpen

betalen
betahlen

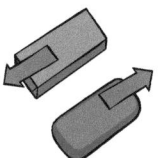

handelen
hanneln

geld
dat Geld

USD

dollar
de Dollar

EUR

euro
de Euro

JPY

yen
de Yen

RUB

roebel
de Ruvel

CHF

Zwitserse frank
de Swiezer Franken

CNY

Chinese renminbi
de Renminbi Yuan

INR

roepie
de Rupie

geldautomaat
de Geldautomat

wisselkantoor

de Wesselstuuv

goud

dat Gold

zilver

dat Sülver

olie

dat Ööl

energie

de Energie

prijs

de Pries

contract

de Verdrag

belasting

de Stüer

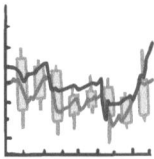

aandeel

de Andeelschien

werken

arbeiden

werknemer

de Anstellte

werkgever

de Arbeitgever

fabriek

de Fabrik

winkel

de Hökerie

politieagent
de Wachtmeester

brandweerman
de Füerwehrmann

kok
de Kock

dokter
de Dokter

piloot
de Fleger

tuinman
de Goorner

timmerman
de Discher

naaister
de Neihersche

rechter
de Richter

chemicus
de Chemiker

acteur
de Schauspeler

buschauffeur

de Busfohrer

taxichauffeur

de Taxifohrer

visser

de Fischer

schoonmaakster

de Reinmaakfru

dakdekker

de Dackdecker

ober

de Kellner

jager

de Jäger

schilder

de Maler

bakker

de Bäcker

elektricien

de Elektriker

bouwvakker

de Buarbeider

ingenieur

de Ingenieur

slager

de Slachter

loodgieter

de Klempner

postbode

de Postbüdel

soldaat

de Suldat

architect

de Architekt

kassier

de Kasserer

bloemist

de Florist

kapper

de Putzbüdel

conducteur

de Schaffner

mecanicien

de Mechaniker

kapitein

de Kaptein

tandarts

de Tähndokter

wetenschapper

de Wetenschopler

rabbijn

de Rabbi

imam

de Imam

monnik

de Mönk

geestelijke

de Paap

werktuigen

dat Warktüüch

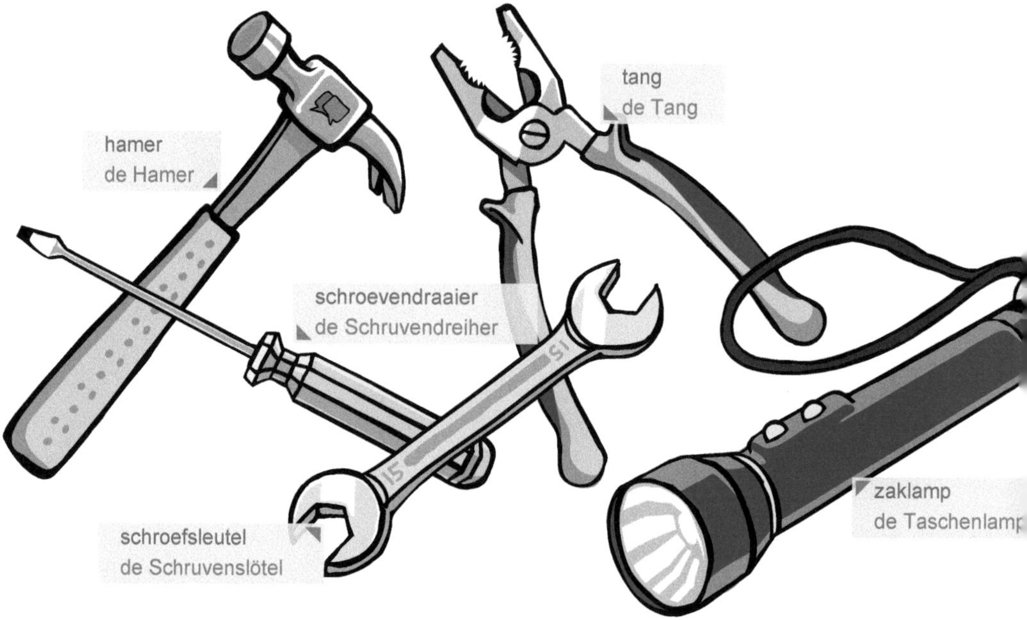

hamer
de Hamer
tang
de Tang
schroevendraaier
de Schruvendreiher
schroefsleutel
de Schruvenslötel
zaklamp
de Taschenlamp

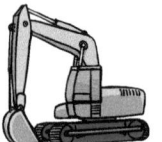

graafmachine

de Grieper

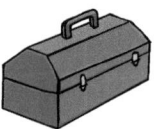

gereedschapskoffer

de Warktüüchkassen

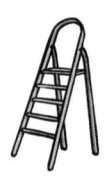

ladder

de Ledder

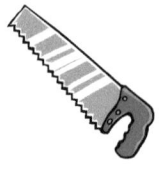

zaag

de Saag

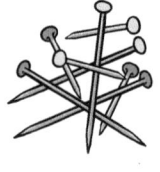

spijkers

de Nagels

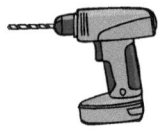

boormachine

de Bohrer

repareren

heelmaken

schop

de Schüffel

Verdomme!

Schiet!

blik

dat Kehrblick

verfpot

de Farvpott

schroeven

de Schruven

muziekinstrumenten
de Musikinstrumenten

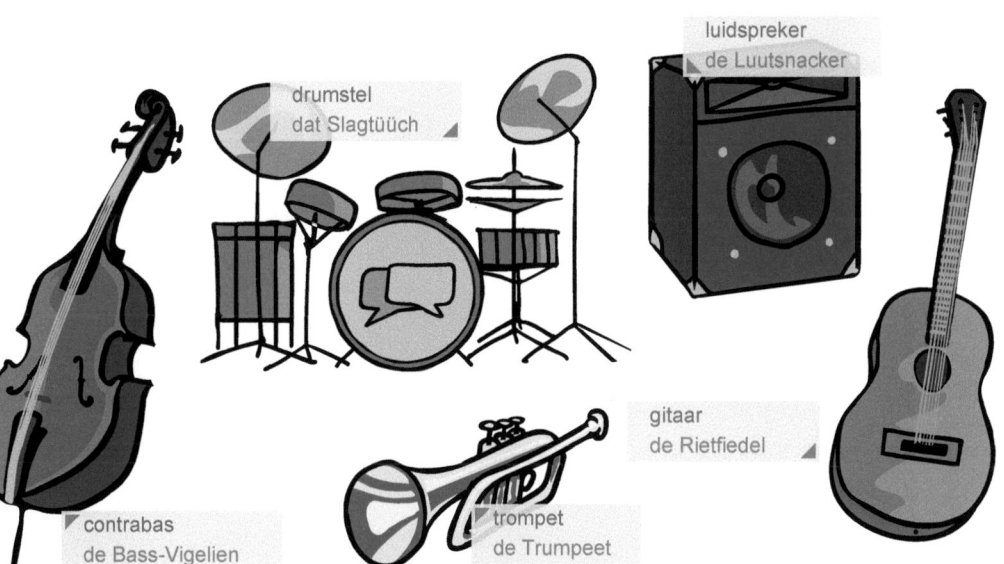

luidspreker
de Luutsnacker

drumstel
dat Slagtüüch

contrabas
de Bass-Vigelien

trompet
de Trumpeet

gitaar
de Rietfiedel

piano

dat Klaveer

viool

de Vigelien

basgitaar

de Bass

pauk

de Pauk

trommels

de Trummeln

keyboard

dat Keyboard

saxofoon

dat Saxophon

fluit

de Fleut

microfoon

dat Mikrofoon

de Deertenpark

tijger
de Tiger

ingang
de Ingang

kooi
de Käfig

zebra
dat Zebra

diereneten
dat Deertenfoder

panda
de Panda-Boor

dieren

de Deerten

olifant

de Elefant

kangoeroe

dat Känguru

neushoorn

dat Neeshoorn

gorilla

de Gorilla

beer

de Boor

kameel

dat Kameel

struisvogel

de Struuß

leeuw

de Lööv

aap

de Aap

flamingo

de Flamingo

papegaai

de Papagoi

ijsbeer

de Iesboor

pinguïn

de Pinguin

haai

de Haifisch

pauw

de Pageluun

slang

de Slang

krokodil

dat Krokodil

dierenverzorger

de Oppasser in'n
Deertenpark

zeehond

de Saalhund

jaguar

de Jaguor

pony
·················
dat Pony

luipaard
·················
de Leopard

nijlpaard
·················
dat Nilpeerd

giraffe
·················
de Giraff

adelaar
·················
de Aadler

wild zwijn
·················
dat Wildswien

vis
·················
de Fisch

zeeschildpad
·················
de Schildkrööt

walrus
·················
dat Walross

vos
·················
de Voss

gazelle
·················
de Gazell

rugby
de Amerikaansch Football

wielrennen
dat Radfohren

tennis
dat Tennis

basketbal
de Korfball

zwemmen
dat Swümmen

boksen
dat Boxen

ijshockey
dat Ieshockey

voetbal
de Football

badminton
dat Fedderball

atletiek
de Leichtathletik

handbal
de Handball

skiën
dat Skilopen

polo
dat Polo

activiteiten
de Aktivitäten

lachen
lachen
springen
springen
knuffelen
ümarmen
wandelen
gahn
zingen
singen
dromen
drömen
bidden
beden
kussen
snuteln

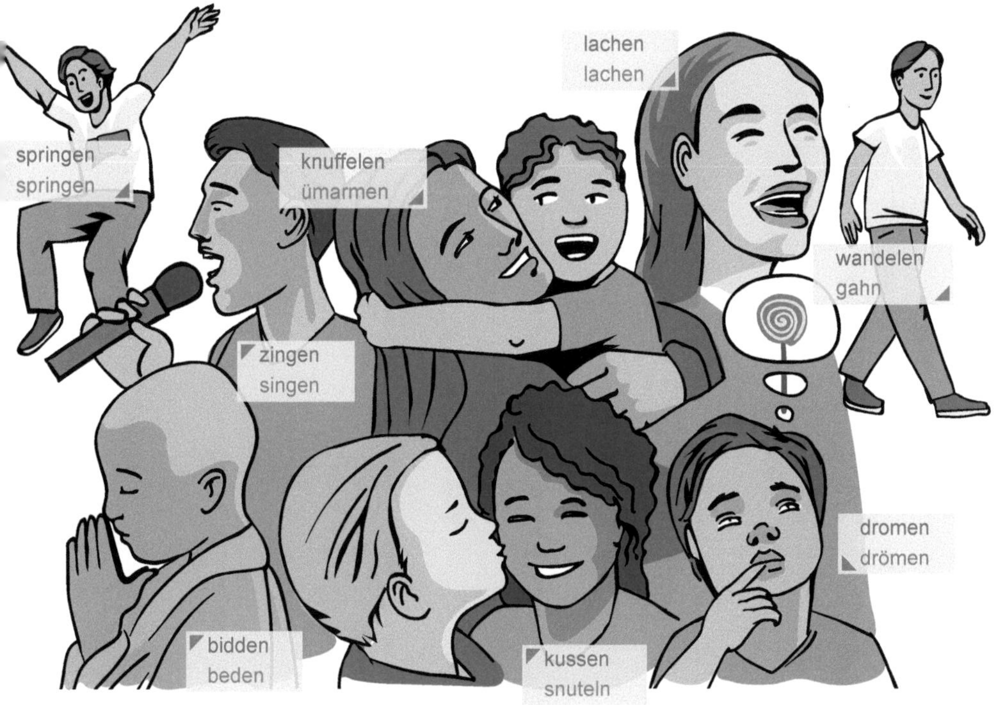

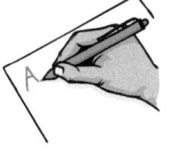

schrijven

schrieven

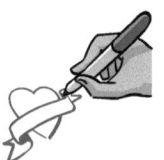

tekenen

teken

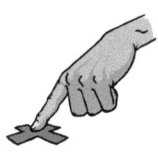

tonen

wiesen

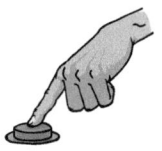

duwen

drücken

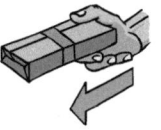

geven

geven

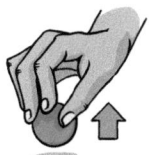

nemen

nehmen

hebben

hebben

doen

doon

zijn

sien

staan

stahn

lopen

lopen

trekken

trecken

gooien

smieten

vallen

fallen

liggen

liggen

wachten

töven

dragen

dregen

zitten

sitten

aankleden

antrecken

slapen

slapen

ontwaken

opwaken

kijken naar

ankieken

wenen

wenen

aaien

eien

kammen

kämmen

praten

snacken

begrijpen

verstahn

vragen

fragen

luisteren

hören

drinken

drinken

eten

eten

opruimen

oprümen

houden van

leefhebben

koken

kaken

rijden

fohren

vliegen

flegen

activiteiten - de Aktivitäten

zeilen

segeln

rekenen

reken

Lezen

lesen

leren

lehren

werken

arbeiden

trouwen

de Plünnen tohoopsmieten

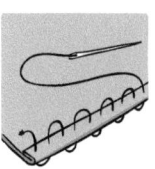

naaien

neihen

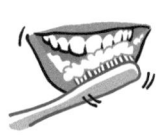

tandenpoetsen

Tähnen putzen

doden

dootmaken

roken

smöken

sturen

schicken

grootmoeder
Grootmoder

grootvader
de Grootvadder

vader
de Vadder

moeder
de Moder

baby
Winnelkind

dochter
de Dochter

zoon
de Söhn

gast

de Gast

tante

de Tant

oom

de Unkel

broer

de Broder

zus

de Süster

lichaam
de Lief

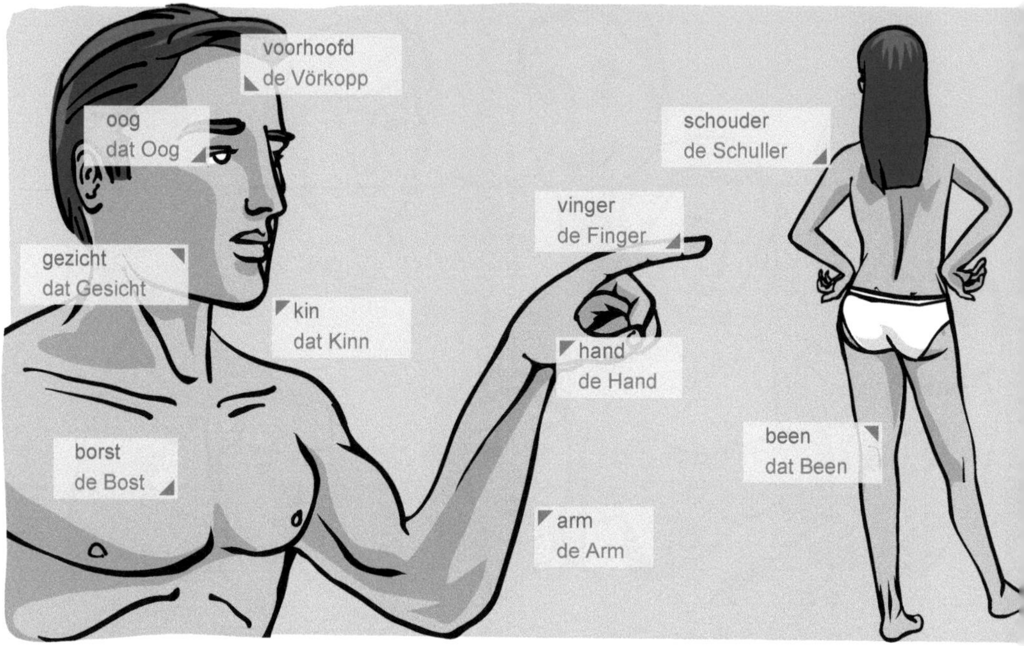

voorhoofd
de Vörkopp

oog
dat Oog

schouder
de Schuller

vinger
de Finger

gezicht
dat Gesicht

kin
dat Kinn

hand
de Hand

borst
de Bost

been
dat Been

arm
de Arm

baby
dat Winnelkind

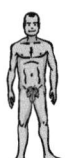

man
de Mann

vrouw
de Fro

meisje
de Deern

jongen
de Jung

hoofd
de Arm

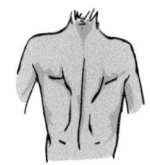	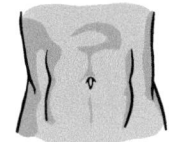	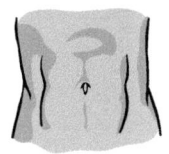
rug	buik	navel
de Rüch	de Buuk	de Navel
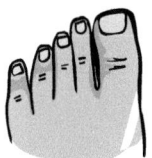	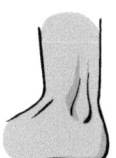	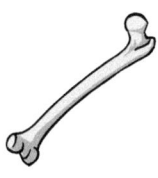
teen	hiel	bot
de Teh	de Hack	de Knaken
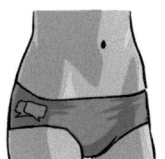	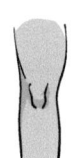	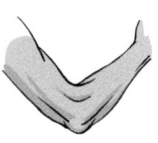
heup	knie	elleboog
de Hüft	dat Knee	de Ellbagen
		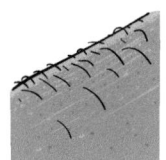
neus	zitvlak	huid
de Nees	de Achtersen	de Huut
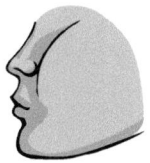	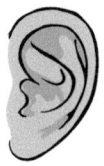	
wang	oor	lip
de Back	dat Ohr	de Lipp

mond
de Mund

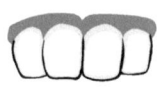

tand
de Tähn

tong
de Tung

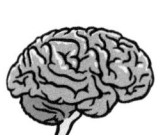

hersenen
de Bregen

hart
dat Hart

spier
de Muskel

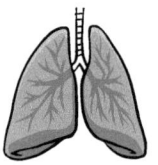

long
de Lung

lever
de Lever

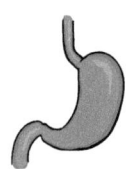

maag
de Maag

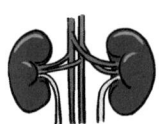

nieren
de Neren

seks
de Bislaap

condoom
dat Kondoom

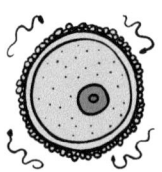

eicel
de Eizell

sperma
dat Sperma

zwangerschap
de Anner Ümstänn

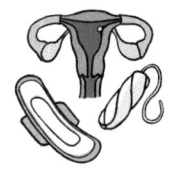

menstruatie
....
de Menstruatschoon

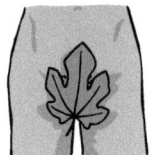

vagina
....
de Scheed

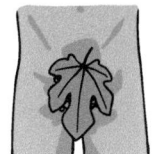

penis
....
de Pint

wenkbrauw
....
de Ogenbroe

haar
....
dat Hoor

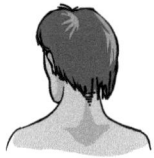

nek
....
de Hals

ziekenhuis
dat Krankenhuus

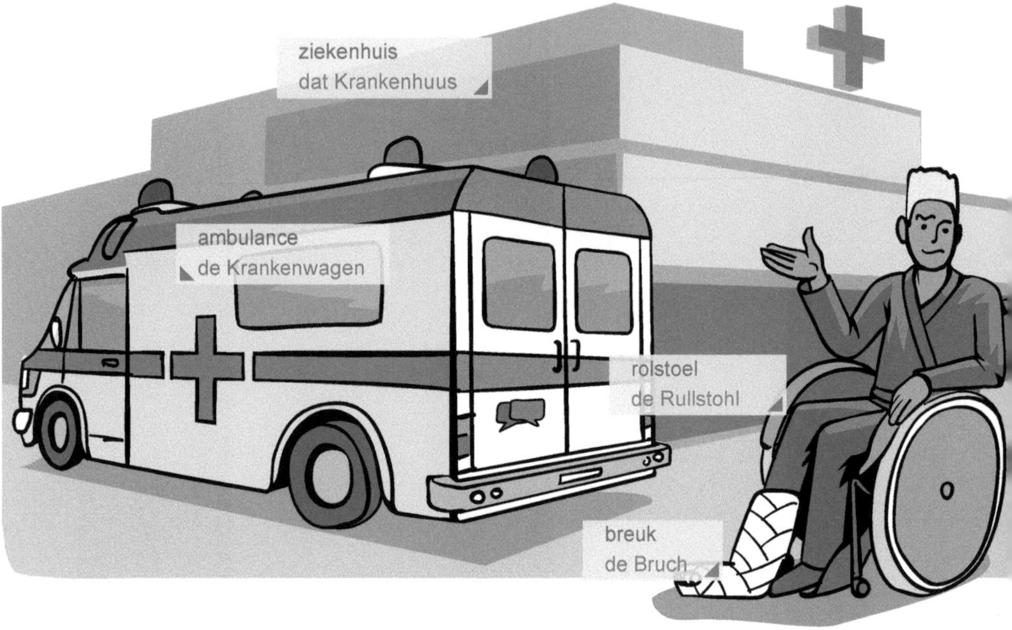

ziekenhuis
dat Krankenhuus
ambulance
de Krankenwagen
rolstoel
de Rullstohl
breuk
de Bruch

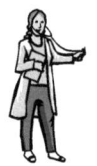

dokter
de Dokter

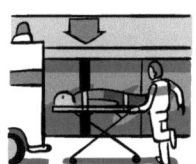

spoed
de Nootopnahm

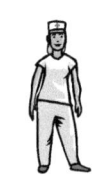

verpleegkundige
de Krankensüster

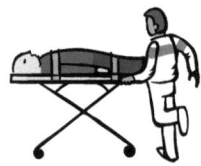

noodgeval
de Nootfall

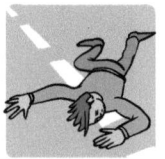

bewusteloos
ahnmächtig

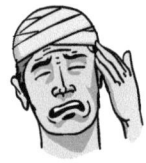

pijn
de Wehdaag

verwonding

de Verwunnen

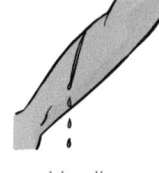

bloeding

de Blöden

hartaanval

de Hartinfarkt

beroerte

de Slaganfall

allergie

de Allergie

hoest

de Hoosten

koorts

dat Fever

griep

de Gripp

diarree

de Dörchfall

hoofdpijn

de Koppwehdaag

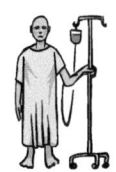

kanker

de Kreeft

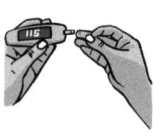

diabetes

de Zuckersüük

chirurg

de Chirurg

scalpel

dat Chirurgsch Mess

operatie

de Operatschoon

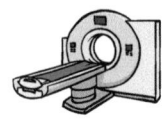

CT

dat CT

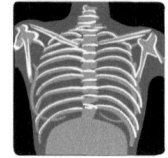

röntgenstraal

de Dörchlüchten

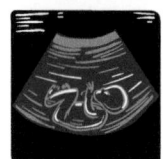

ultrageluid

de Ultraschall

gezichtsmasker

de Mask

ziekte

de Krankheit

wachtkamer

de Töövruum

kruk

de Krück

pleister

dat Plaaster

verband

de Verband

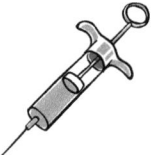

injectie

de Insprütten

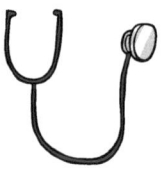

stethoscoop

dat Stethoskop

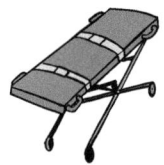

brancard

de Draag

thermometer

dat Feverthermometer

geboorte

de Geboort

overgewicht

dat Övergewicht

hoorapparaat	ontsmettingsmiddel	infectie
de Höörapparat	dat Kiemfriemiddel	de Ansteken

virus	HIV / AIDS	medicijn
de Virus	dat HIV / AIDS	dat Heelmiddel
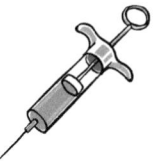	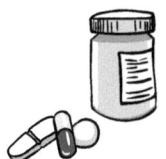	
vaccinatie	tabletten	pil
de Impen	de Tabletten	de Pill

noodoproep	bloeddrukmeter	ziek / gezond
de Nootroop	de Blootdruck-Meter	krank / gesund

Help!

Hölp!

alarm

de Alarm

overval

de Överfall

aanval

de Angreep

gevaar

de Gefohr

nooduitgang

de Nootutgang

Brand!

dat Füer!

brandblusser

de Füerlöscher

ongeval

de Unfall

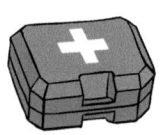

EHBO-kit

de Noothölpkoffer

SOS

SOS

politie

de Polizei

Europa

Europa

Noord-Amerika

Noordamerika

Zuid-Amerika

Süüdamerika

Afrika

Afrika

Azië

Asien

Australië

Australien

Atlantische Oceaan

de Atlantik

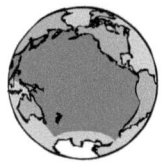

Stille Oceaan

de Pazifik

Indische Oceaan

dat Indisch Weltmeer

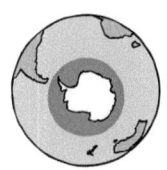

Antarctische Oceaan

at Antarktisch Weltmeer

Arctische Oceaan

dat Arktisch Weltmeer

Noordpool

de Noordpol

Zuidpool

de Süüdpol

Antarctica

de Antarktis

aarde

de Eerd

land

dat Land

zee

de See

eiland

dat Eiland

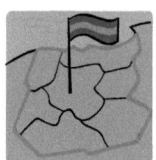

natie

de Natschoon

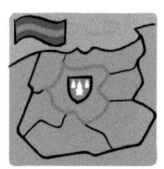

staat

de Staat

wijzerplaat

dat Tallenblatt

uurwijzer

de Stunnenwieser

minuutwijzer

de Minutenwieser

secondewijzer

de Sekunnenwieser

Hoe laat is het?

Wo laat is dat?

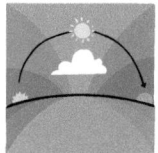

dag

de Dag

tijd

de Tiet

nu

nu

digitale horloge

de digetaalsch Klock

minuut

de Minuut

uur

de Stunn

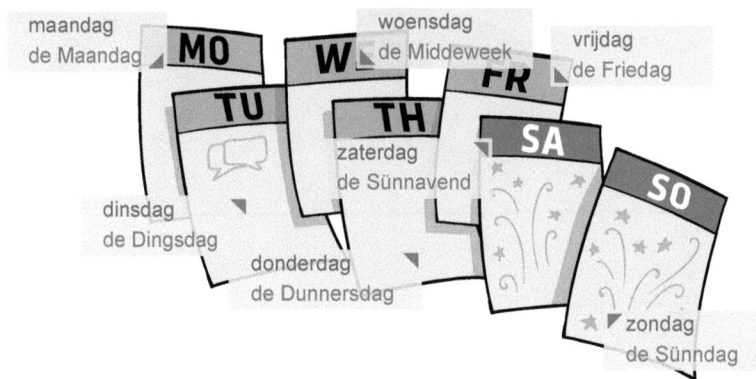

maandag
de Maandag

woensdag
de Middeweek

vrijdag
de Friedag

dinsdag
de Dingsdag

zaterdag
de Sünnavend

donderdag
de Dunnersdag

zondag
de Sünndag

gisteren

güstern

vandaag

hüüt

morgen

morgen

ochtend

de Morgen

middag

de Meddag

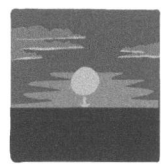

avond

de Avend

werkdagen

de Arbeitsdaag

weekend

dat Wekenenn

jaar
dat Johr

regen
de Regen
regenboog
de Regenbagen
sneeuw
de Snee
wind
de Wind
lente
dat Fröhjohr
herfst
de Harvst
zomer
de Sommer
winter
de Winter

4.APRIL 11°
5.APRIL 4°
6.APRIL 13°
7.APRIL 8°
8.APRIL 10°

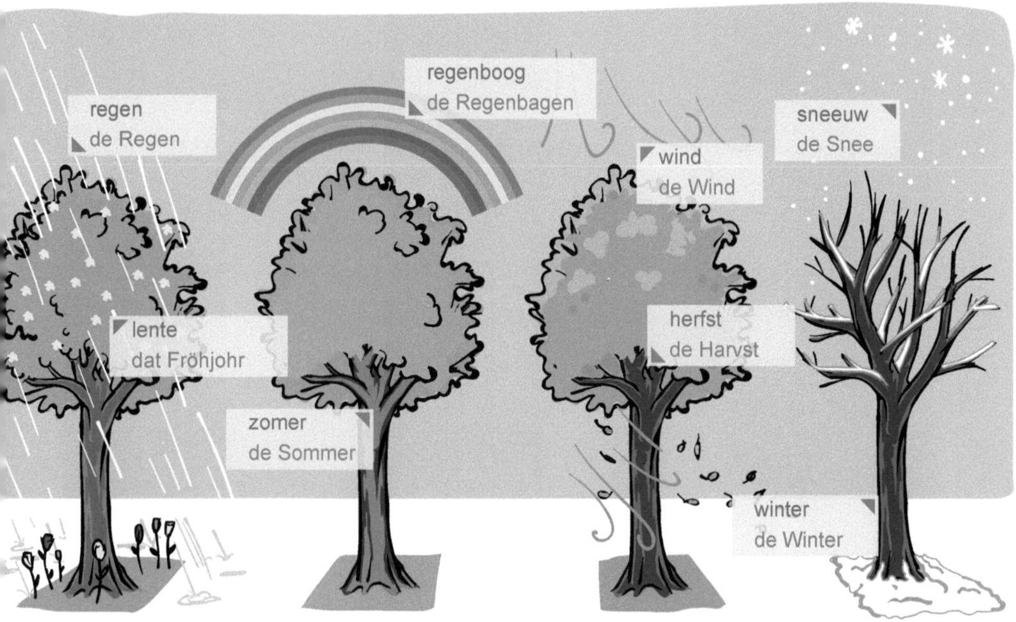

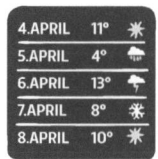

weervoorspelling

de Wedervörhersaag

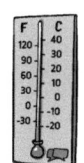

thermometer

dat Thermometer

zonneschijn

de Sünnenschien

wolk

de Wulk

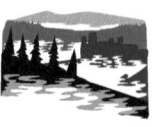

mist

de Nevel

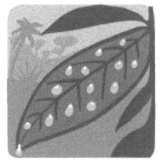

vochtigheid

de Luftfuchtigkeit

bliksem

de Blitz

donder

de Dunner

storm

de Storm

hagel

de Hagel

moesson

de Monsun

overstroming

de Floot

ijs

dat Ies

januari

de Januormaand

februari

de Februormaand

maart

de Martmaand

april

de Aprilmaand

mei

de Maimaand

juni

de Junimaand

juli

de Julimaand

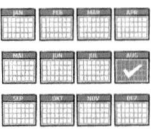

augustus

de Augustmaand

september
....
de Septembermaand

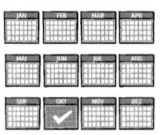

oktober
....
de Oktobermaand

november
....
de Novembermaand

december
....
de Dezembermaand

vormen
de Formen

cirkel
....
de Krink

kwadraat
....
dat Quadrat

rechthoek
....
dat Rechteck

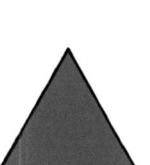

driehoek
....
dat Dreeeck

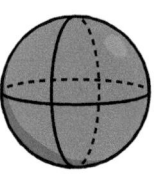

bol
....
de Kugel

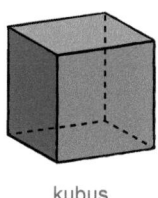

kubus
....
de Wörpel

wit
....
witt

geel
....
geel

oranje
....
orangsch

roze
....
pink

rood
....
root

paars
....
lila

blauw
....
blau

groen
....
gröön

bruin
....
bruun

grijs
....
gries

zwart
....
swart

veel / weinig

veel / wenig

boos / kalm

böös / verdreeglich

mooi / lelijk

smuck / mies

begin / einde

de Begünn / dat Enn

groot / klein

groot / lütt

licht / donker

hell / düüster

broer / zus

de Broder / de Süster

proper / vuil

schier / schietig

volledig / onvolledig

kumpleet / nich kumpleet

dag / nacht

de Dag / de Nacht

dood / levend

doot / lebennig

breed / smal

breet / small

eetbaar / oneetbaar

geneetbor / nich geneetbor

kwaadaardig / vriendelijk

böös / fründlich

opgewonden / verveeld

fickerig / langwielt

dik / dun

dick / dünn

eerst / laatst

toeerst / toletzt

vriend / vijand

de Fründ / de Fiend

vol / leeg

vull / leddig

hard / zacht

hart / week

zwaar / licht

swoor / licht

honger / dorst

de Smacht / de Döst

ziek / gezond

krank / gesund

illegaal / legaal

nich na't Recht / na't Recht

intelligent / dom

klook / dummerhaftig

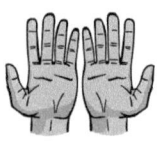

links / rechts

linkerhand / rechterhand

dichtbij / veraf

neeg / feern

tegengestelden - de Gegendelen

nieuw / gebruikt

nieg / bruukt

niets / iets

nix / wat

oud / jong

oolt / jung

aan / uit

an / ut

open / dicht

apen / slaten

stil / luid

lies / luut

rijk / arm

riek / arm

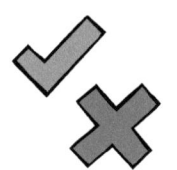

juist / fout

richtig / verkehrt

ruw / glad

ruug / glatt

droevig / blij

trurig / glücklich

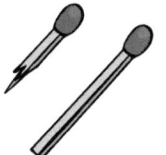

kort / lang

kort / lang

traag / snel

suutje / flink

nat / droog

natt / dröög

warm / koud

warm / köhl

oorlog / vrede

de Krieg / de Freden

0

nul

null

1

één

een

2

twee

twee

3

drie

dree

4

vier

veer

5

vijf

fief

6

zes

söss

7

zeven

söven

8

acht

acht

9

negen

negen

10

tien

teihn

11

elf

ölven

12

twaalf
twölf

13

dertien
dörteihn

14

veertien
veerteihn

15

vijftien
föffteihn

16

zestien
sössteihn

17

zeventien
söventeihn

18

achtien
achtteihn

19

negentien
negenteihn

20

twintig
twintig

100

honderd
hunnert

1.000

duizend
dusend

1.000.000

miljoen
million

Talen
de Spraken

Engels

dat Engelsch

Amerikaans Engels

dat Amerikaansch Engelsch

Chinees (Mandarijn)

dat Chineesch Mandarin

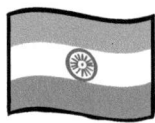

Hindi

dat Hindi

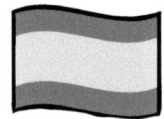

Spaans

dat Spaansch

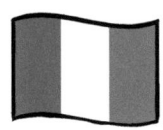

Frans

dat Franzöösch

Arabisch

dat Araabsch

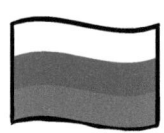

Russisch

dat Rusch

Portugees

dat Portugiesch

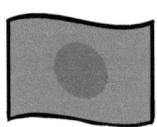

Bengali

dat Bengaalsch

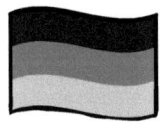

Duits

dat Düütsch

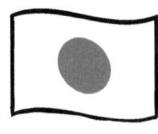

Japans

dat Japaansch

ik

ik

u

du

hij / zij / het

he / se / dat

wij

wi

u

ji

ze

se

wie?

keen?

wat?

wat?

hoe?

woans?

waar?

woneem?

wanneer?

wannehr?

naam

de Naam

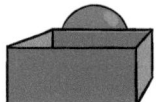

achter

achter

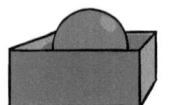

in

in

voor

vör

boven

över

op

op

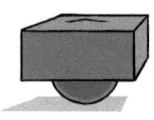

onder

ünner

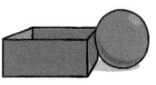

naast

blangen

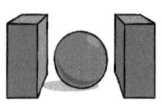

tussen

twüschen

plaats

de Oort